TRANZLATY
El idioma es para todos
Язык для всех

La Bella y la Bestia

Красавица и чудовище

Gabrielle-Suzanne Barbot de Villeneuve

Español / Русский

Copyright © 2025 Tranzlaty
All rights reserved
Published by Tranzlaty
ISBN: 978-1-80572-091-1
Original text by Gabrielle-Suzanne Barbot de Villeneuve
La Belle et la Bête
First published in French in 1740
Taken from The Blue Fairy Book (Andrew Lang)
Illustration by Walter Crane
www.tranzlaty.com

Había una vez un rico comerciante
Жил-был богатый купец
Este rico comerciante tuvo seis hijos.
у этого богатого купца было шестеро детей
Tenía tres hijos y tres hijas.
у него было три сына и три дочери
No escatimó en gastos para su educación
он не жалел денег на их образование
Porque era un hombre sensato
потому что он был человеком здравого смысла
pero dio a sus hijos muchos siervos
но он дал своим детям много слуг
Sus hijas eran extremadamente bonitas
его дочери были чрезвычайно хорошенькие
Y su hija menor era especialmente bonita.
и его младшая дочь была особенно хороша
Desde niña ya admiraban su belleza
еще в детстве ее красотой восхищались
y la gente la llamaba por su belleza
и люди называли ее по ее красоте
Su belleza no se desvaneció a medida que envejecía.
ее красота не увяла с возрастом
Así que la gente seguía llamándola por su belleza.
поэтому люди продолжали называть ее по ее красоте
Esto puso muy celosas a sus hermanas.
это заставило ее сестер очень завидовать
Las dos hijas mayores tenían mucho orgullo.
две старшие дочери очень гордились
Su riqueza era la fuente de su orgullo.
их богатство было источником их гордости
y tampoco ocultaron su orgullo
и они не скрывали своей гордости
No visitaron a las hijas de otros comerciantes.
они не навещали дочерей других купцов
Porque sólo se encuentran con la aristocracia.
потому что они встречаются только с аристократией

Salían todos los días a fiestas.
они каждый день ходили на вечеринки
bailes, obras de teatro, conciertos, etc.
балы, спектакли, концерты и т. д.
y se rieron de su hermana menor.
и они смеялись над своей младшей сестрой
Porque pasaba la mayor parte del tiempo leyendo
потому что большую часть времени она проводила за чтением
Era bien sabido que eran ricos
было хорошо известно, что они были богаты
Así que varios comerciantes eminentes pidieron su mano.
поэтому несколько именитых купцов просили их руки
pero dijeron que no se iban a casar
но они сказали, что не собираются жениться
Pero estaban dispuestos a hacer algunas excepciones.
но они были готовы сделать некоторые исключения
"Quizás podría casarme con un duque"
«возможно, я могла бы выйти замуж за герцога»
"Supongo que podría casarme con un conde"
«Думаю, я могла бы выйти замуж за графа»
Bella agradeció muy civilizadamente a quienes le propusieron matrimonio.
красавица очень вежливо поблагодарила тех, кто сделал ей предложение
Ella les dijo que todavía era demasiado joven para casarse.
она сказала им, что она еще слишком молода, чтобы выходить замуж
Ella quería quedarse unos años más con su padre.
она хотела остаться еще на несколько лет со своим отцом
De repente el comerciante perdió su fortuna.
Вдруг купец потерял свое состояние.
Lo perdió todo excepto una pequeña casa de campo.
он потерял все, кроме небольшого загородного дома
Y con lágrimas en los ojos les dijo a sus hijos:
и он сказал своим детям со слезами на глазах:

"Tenemos que ir al campo"
«мы должны поехать в деревню»
"y debemos trabajar para vivir"
«и мы должны работать, чтобы жить»
Las dos hijas mayores no querían abandonar el pueblo.
две старшие дочери не хотели покидать город
Tenían varios amantes en la ciudad.
у них было несколько любовников в городе
y estaban seguros de que uno de sus amantes se casaría con ellos
и они были уверены, что кто-то из их возлюбленных женится на них
Pensaban que sus amantes se casarían con ellos incluso sin fortuna.
они думали, что их возлюбленные женятся на них даже без всякого состояния
Pero las buenas damas estaban equivocadas.
но добрые дамы ошиблись
Sus amantes los abandonaron muy rápidamente
их возлюбленные очень быстро их бросили
porque ya no tenían fortuna
потому что у них больше не было состояний
Esto demostró que en realidad no eran muy queridos.
это показало, что на самом деле их не очень любили
Todos dijeron que no merecían compasión.
все говорили, что они не заслуживают жалости
"Nos alegra ver su orgullo humillado"
«мы рады видеть, что их гордость усмирена»
"Que se sientan orgullosos de ordeñar vacas"
«пусть гордятся тем, что доят коров»
Pero estaban preocupados por Bella.
но они заботились о красоте
Ella era una criatura tan dulce
она была таким милым созданием
Ella hablaba tan amablemente a la gente pobre.
она так любезно говорила с бедными людьми

Y ella era de una naturaleza tan inocente.
и она была такой невинной натуры
Varios caballeros se habrían casado con ella.
Несколько джентльменов хотели бы жениться на ней
Se habrían casado con ella aunque fuera pobre
они бы женились на ней, даже если бы она была бедна
pero ella les dijo que no podía casarlos
но она сказала им, что не может выйти за них замуж
porque ella no dejaría a su padre
потому что она не хотела оставлять своего отца
Ella estaba decidida a ir con él al campo.
она была полна решимости поехать с ним в деревню
para que ella pudiera consolarlo y ayudarlo
чтобы она могла утешить и помочь ему
La pobre belleza estaba muy triste al principio.
Бедная красавица сначала очень горевала.
Ella estaba afligida por la pérdida de su fortuna.
она была опечален потерей своего состояния
"Pero llorar no cambiará mi suerte"
«но плач не изменит мою судьбу»
"Debo intentar ser feliz sin riquezas"
«Я должен попытаться сделать себя счастливым без богатства»
Llegaron a su casa de campo
они приехали в свой загородный дом
y el comerciante y sus tres hijos se dedicaron a la agricultura
а купец и его три сына занялись земледелием
Bella se levantó a las cuatro de la mañana.
красавица встала в четыре утра
y se apresuró a limpiar la casa
и она поспешила убрать дом
y se aseguró de que la cena estuviera lista
и она позаботилась о том, чтобы ужин был готов
Al principio encontró su nueva vida muy difícil.
Вначале ей было очень трудно жить новой жизнью.
porque no estaba acostumbrada a ese tipo de trabajo

потому что она не привыкла к такой работе
Pero en menos de dos meses se hizo más fuerte.
но менее чем за два месяца она окрепла
Y ella estaba más sana que nunca.
и она была здоровее, чем когда-либо прежде
Después de haber hecho su trabajo, leyó
после того, как она сделала свою работу, она прочитала
Ella tocaba el clavicémbalo
она играла на клавесине
o cantaba mientras hilaba seda
или она пела, пока пряла шелк
Por el contrario, sus dos hermanas no sabían cómo pasar el tiempo.
напротив, ее две сестры не знали, как провести свое время
Se levantaron a las diez y no hicieron nada más que holgazanear todo el día.
они вставали в десять и ничего не делали, только бездельничали весь день
Lamentaron la pérdida de sus hermosas ropas.
они оплакивали потерю своей прекрасной одежды
y se quejaron de perder a sus conocidos
и они жаловались на потерю своих знакомых
"Mirad a nuestra hermana menor", se dijeron.
«Посмотрите на нашу младшую сестру», — сказали они друг другу.
"¡Qué criatura tan pobre y estúpida es!"
«какое же она бедное и глупое существо»
"Es mezquino contentarse con tan poco"
«Подло довольствоваться малым»
El amable comerciante tenía una opinión muy diferente.
добрый торговец был совсем другого мнения
Él sabía muy bien que Bella eclipsaba a sus hermanas.
он прекрасно знал, что красота затмевает ее сестер
Ella los eclipsó tanto en carácter como en mente.
она превзошла их как по характеру, так и по уму
Él admiraba su humildad y su arduo trabajo.

он восхищался ее скромностью и трудолюбием
Pero sobre todo admiraba su paciencia.
но больше всего он восхищался ее терпением
Sus hermanas le dejaron todo el trabajo por hacer.
ее сестры оставили ей всю работу
y la insultaban a cada momento
и они оскорбляли ее каждую минуту
La familia había vivido así durante aproximadamente un año.
Семья жила так около года.
Entonces el comerciante recibió una carta de un contable.
затем торговец получил письмо от бухгалтера
Tenía una inversión en un barco.
у него были инвестиции в корабль
y el barco había llegado sano y salvo
и корабль благополучно прибыл
Esta noticia hizo que las dos hijas mayores se volvieran locas.
эта новость вскружила голову двум старшим дочерям
Inmediatamente tuvieron esperanzas de regresar a la ciudad.
у них сразу же появилась надежда вернуться в город
Porque estaban bastante cansados de la vida en el campo.
потому что они были довольно утомлены сельской жизнью
Fueron a ver a su padre cuando él se iba.
они пошли к отцу, когда он уходил
Le rogaron que les comprara ropa nueva
они умоляли его купить им новую одежду
Vestidos, cintas y todo tipo de cositas.
платья, ленты и всякие мелочи
Pero Bella no pedía nada.
но красоты ничего не просила
Porque pensó que el dinero no sería suficiente.
потому что она думала, что денег будет недостаточно
No habría suficiente para comprar todo lo que sus hermanas querían.

не хватило бы денег, чтобы купить все, что хотели ее сестры

- ¿Qué te gustaría, Bella? -preguntó su padre.
«Чего бы ты хотела, красавица?» — спросил ее отец.

"Gracias, padre, por la bondad de pensar en mí", dijo.
«Спасибо, отец, за доброту, что ты думаешь обо мне», — сказала она.

"Padre, ten la amabilidad de traerme una rosa"
«Отец, будь так добр, принеси мне розу»

"Porque aquí en el jardín no crecen rosas"
«потому что здесь в саду не растут розы»

"y las rosas son una especie de rareza"
"а розы - это своего рода редкость"

A Bella realmente no le importaban las rosas
красавица не очень любила розы

Ella solo pidió algo para no condenar a sus hermanas.
она только просила о чем-то, чтобы не осуждать своих сестер

Pero sus hermanas pensaron que ella pidió rosas por otros motivos.
но ее сестры думали, что она просила розы по другим причинам

"Lo hizo sólo para parecer especial"
«Она сделала это просто чтобы выглядеть особенной»

El hombre amable continuó su viaje.
Добрый человек отправился в путешествие

pero cuando llego discutieron sobre la mercancía
но когда он приехал, они спорили о товаре

Y después de muchos problemas volvió tan pobre como antes.
и после многих хлопот он вернулся таким же бедным, как и прежде

Estaba a un par de horas de su propia casa.
он был в паре часов езды от своего дома

y ya imaginaba la alegría de ver a sus hijos
и он уже представлял себе радость увидеть своих детей

pero al pasar por el bosque se perdió
но когда он шел через лес, он заблудился
Llovió y nevó terriblemente
шел ужасный дождь и снег
El viento era tan fuerte que lo arrojó del caballo.
ветер был настолько сильным, что сбросил его с лошади
Y la noche se acercaba rápidamente
и ночь быстро приближалась
Empezó a pensar que podría morir de hambre.
он начал думать, что может умереть с голоду
y pensó que podría morir congelado
и он подумал, что может замерзнуть насмерть
y pensó que los lobos podrían comérselo
и он думал, что волки могут съесть его
Los lobos que oía aullar a su alrededor
волки, которых он слышал воющими вокруг него
Pero de repente vio una luz.
но вдруг он увидел свет
Vio la luz a lo lejos entre los árboles.
он увидел свет вдалеке сквозь деревья
Cuando se acercó vio que la luz era un palacio.
Когда он приблизился, он увидел, что свет был дворцом.
El palacio estaba iluminado de arriba a abajo.
дворец был освещен сверху донизу
El comerciante agradeció a Dios por su suerte.
купец поблагодарил Бога за свою удачу
y se apresuró a ir al palacio
и он поспешил во дворец
Pero se sorprendió al no ver gente en el palacio.
но он был удивлен, не увидев никого во дворце
El patio estaba completamente vacío.
двор был совершенно пуст
y no había señales de vida en ninguna parte
и нигде не было никаких признаков жизни
Su caballo lo siguió hasta el palacio.
его лошадь последовала за ним во дворец

y luego su caballo encontró un gran establo
и затем его лошадь нашла большую конюшню
El pobre animal estaba casi muerto de hambre.
бедное животное почти умерло от голода
Entonces su caballo fue a buscar heno y avena.
поэтому его лошадь пошла искать сено и овес
Afortunadamente encontró mucho para comer.
к счастью, он нашел много еды
y el mercader ató su caballo al pesebre
а купец привязал коня к яслям
Caminando hacia la casa no vio a nadie.
идя к дому он никого не увидел
Pero en un gran salón encontró un buen fuego.
но в большом зале он нашел хороший огонь
y encontró una mesa puesta para uno
и он нашел стол, накрытый для одного
Estaba mojado por la lluvia y la nieve.
он был мокрый от дождя и снега
Entonces se acercó al fuego para secarse.
поэтому он подошел к огню, чтобы вытереться.
"Espero que el dueño de la casa me disculpe"
«Надеюсь, хозяин дома меня извинит».
"Supongo que no tardará mucho en aparecer alguien"
«Я полагаю, что не пройдет много времени, как кто-то появится».
Esperó un tiempo considerable
Он ждал довольно долго
Esperó hasta que dieron las once y todavía no venía nadie.
он ждал, пока не пробило одиннадцать, но никто так и не пришел
Al final tenía tanta hambre que no podía esperar más.
наконец он был так голоден, что не мог больше ждать
Tomó un poco de pollo y se lo comió en dos bocados.
он взял немного курицы и съел ее в два приема
Estaba temblando mientras comía la comida.
он дрожал, пока ел еду

Después de esto bebió unas copas de vino.
после этого он выпил несколько бокалов вина
Cada vez más valiente, salió del salón.
становясь все смелее, он вышел из зала
y atravesó varios grandes salones
и он прошел через несколько больших залов
Caminó por el palacio hasta llegar a una cámara.
он прошел через дворец, пока не пришел в комнату
Una habitación que tenía una cama muy buena.
комната, в которой была очень хорошая кровать
Estaba muy fatigado por su terrible experiencia.
он был очень измотан после пережитого испытания
Y ya era pasada la medianoche
и время было уже за полночь
Entonces decidió que era mejor cerrar la puerta.
поэтому он решил, что лучше закрыть дверь
y concluyó que debía irse a la cama
и он пришел к выводу, что ему следует пойти спать
Eran las diez de la mañana cuando el comerciante se despertó.
Было десять утра, когда торговец проснулся.
Justo cuando iba a levantarse vio algo
как раз когда он собирался встать, он увидел что-то
Se sorprendió al ver un conjunto de ropa limpia.
он был поражен, увидев чистый комплект одежды
En el lugar donde había dejado su ropa sucia.
в том месте, где он оставил свою грязную одежду
"Seguramente este palacio pertenece a algún tipo de hada"
«Этот дворец, несомненно, принадлежит какой-то фее»
" Un hada que me ha visto y se ha compadecido de mí"
« фея , которая увидела меня и пожалела»
Miró por una ventana
он посмотрел в окно
Pero en lugar de nieve vio el jardín más delicioso.
но вместо снега он увидел прекраснейший сад
Y en el jardín estaban las rosas más hermosas.

и в саду были самые красивые розы
Luego regresó al gran salón.
Затем он вернулся в большой зал
El salón donde había tomado sopa la noche anterior.
зал, где он ел суп накануне вечером
y encontró un poco de chocolate en una mesita
и он нашел немного шоколада на маленьком столике
"Gracias, buena señora hada", dijo en voz alta.
«Спасибо, добрая госпожа фея», — сказал он вслух.
"Gracias por ser tan cariñoso"
«Спасибо за вашу заботу»
"Le estoy sumamente agradecido por todos sus favores"
«Я чрезвычайно признателен вам за все ваши одолжения»
El hombre amable bebió su chocolate.
добрый человек выпил свой шоколад
y luego fue a buscar su caballo
а затем он пошел искать свою лошадь
Pero en el jardín recordó la petición de Bella.
но в саду он вспомнил просьбу красавицы
y cortó una rama de rosas
и он срезал ветку роз
Inmediatamente oyó un gran ruido
тотчас он услышал сильный шум
y vio una bestia terriblemente espantosa
и он увидел ужасно страшного зверя
Estaba tan asustado que estaba a punto de desmayarse.
он был так напуган, что был готов упасть в обморок
-Eres muy desagradecido -le dijo la bestia.
«Ты очень неблагодарен», — сказал ему зверь.
Y la bestia habló con voz terrible
и зверь заговорил страшным голосом
"Te he salvado la vida al permitirte entrar en mi castillo"
«Я спас тебе жизнь, впустив тебя в свой замок»
"¿Y a cambio me robas mis rosas?"
«И за это ты крадешь мои розы?»
"Las rosas que valoro más que nada"

«Розы, которые я ценю больше всего на свете»
"Pero morirás por lo que has hecho"
«но ты умрешь за то, что ты сделал»
"Sólo te doy un cuarto de hora para que te prepares"
«Я даю вам всего четверть часа, чтобы подготовиться».
"Prepárate para la muerte y di tus oraciones"
«приготовьтесь к смерти и помолитесь»
El comerciante cayó de rodillas
купец упал на колени
y alzó ambas manos
и он поднял обе руки свои
"Mi señor, le ruego que me perdone"
«Мой господин, умоляю вас простить меня».
"No tuve intención de ofenderte"
«Я не имел намерения вас обидеть»
"Recogí una rosa para una de mis hijas"
«Я сорвал розу для одной из моих дочерей»
"Ella me pidió que le trajera una rosa"
«она попросила меня принести ей розу»
-No soy tu señor, pero soy una bestia -respondió el monstruo.
«Я не твой господин, но я зверь», — ответило чудовище.
"No me gustan los cumplidos"
«Я не люблю комплименты»
"Me gusta la gente que habla como piensa"
«Мне нравятся люди, которые говорят то, что думают»
"No creas que me puedo conmover con halagos"
«не думай, что меня можно тронуть лестью»
"Pero dices que tienes hijas"
«Но вы говорите, что у вас есть дочери»
"Te perdonaré con una condición"
«Я прощу тебя при одном условии»
"Una de tus hijas debe venir voluntariamente a mi palacio"
«Одна из твоих дочерей должна добровольно приехать в мой дворец»
"y ella debe sufrir por ti"

"и она должна страдать за тебя"
"Déjame tener tu palabra"
«Дай мне слово»
"Y luego podrás continuar con tus asuntos"
«а потом можешь заняться своими делами»
"Prométeme esto:"
«Пообещай мне это:»
"Si tu hija se niega a morir por ti, deberás regresar dentro de tres meses"
«Если твоя дочь откажется умереть за тебя, ты должен вернуться в течение трех месяцев»
El comerciante no tenía intenciones de sacrificar a sus hijas.
купец не собирался приносить в жертву своих дочерей
Pero, como le habían dado tiempo, quiso volver a ver a sus hijas.
но, поскольку ему дали время, он захотел увидеть своих дочерей еще раз
Así que prometió que volvería.
поэтому он пообещал, что вернется
Y la bestia le dijo que podía partir cuando quisiera.
и зверь сказал ему, что он может отправиться в путь, когда пожелает.
y la bestia le dijo una cosa más
и зверь сказал ему еще одну вещь
"No te irás con las manos vacías"
«Вы не уйдете с пустыми руками»
"Vuelve a la habitación donde yacías"
"возвращайся в комнату, где ты лежал"
"Verás un gran cofre del tesoro vacío"
«Вы увидите большой пустой сундук с сокровищами»
"Llena el cofre del tesoro con lo que más te guste"
«Наполните сундук сокровищ тем, что вам больше всего нравится»
"y enviaré el cofre del tesoro a tu casa"
«И я отправлю сундук с сокровищами к тебе домой»
Y al mismo tiempo la bestia se retiró.

и в то же время зверь отступил
"Bueno", se dijo el buen hombre.
«Ну что ж», — сказал себе добрый человек.
"Si tengo que morir, al menos dejaré algo a mis hijos"
«Если мне суждено умереть, я, по крайней мере, оставлю что-то своим детям»
Así que regresó al dormitorio.
поэтому он вернулся в спальню
y encontró una gran cantidad de piezas de oro
и он нашел великое множество золотых монет
Llenó el cofre del tesoro que la bestia había mencionado.
он наполнил сундук с сокровищами, о котором говорил зверь
y sacó su caballo del establo
и он вывел свою лошадь из конюшни
La alegría que sintió al entrar al palacio ahora era igual al dolor que sintió al salir de él.
Радость, которую он испытал, войдя во дворец, теперь была равна печали, которую он испытывал, покидая его.
El caballo tomó uno de los caminos del bosque.
лошадь пошла по одной из лесных дорог
Y en pocas horas el buen hombre estaba en casa.
и через несколько часов добрый человек был дома
Sus hijos vinieron a él
его дети пришли к нему
Pero en lugar de recibir sus abrazos con placer, los miró.
но вместо того, чтобы с удовольствием принять их объятия, он посмотрел на них
Levantó la rama que tenía en sus manos.
он поднял ветку, которую держал в руках
y luego estalló en lágrimas
а потом он разрыдался
"Belleza", dijo, "por favor toma estas rosas".
«Красавица», сказал он, «пожалуйста, возьми эти розы».
"No puedes saber lo costosas que han sido estas rosas"
«Вы не можете знать, насколько дорогими были эти розы»

"**Estas rosas le han costado la vida a tu padre**"
«Эти розы стоили жизни твоему отцу»
Y luego contó su fatal aventura.
и затем он рассказал о своем роковом приключении
Inmediatamente las dos hermanas mayores gritaron.
тут же две старшие сестры закричали
y le dijeron muchas cosas malas a su hermosa hermana
и они сказали много гадостей своей прекрасной сестре
Pero Bella no lloró en absoluto.
но красавица совсем не плакала
"Mirad el orgullo de ese pequeño desgraciado", dijeron.
«Посмотрите на гордость этого маленького негодяя», — сказали они.
"ella no pidió ropa fina"
«она не просила красивую одежду»
"Ella debería haber hecho lo que hicimos"
«Она должна была сделать то, что сделали мы»
"ella quería distinguirse"
«она хотела отличиться»
"Así que ahora ella será la muerte de nuestro padre"
«Теперь она станет причиной смерти нашего отца»
"Y aún así no derrama ni una lágrima"
"и все же она не проливает ни слезинки"
"¿Por qué debería llorar?" respondió Bella
«Почему я должна плакать?» — ответила красавица.
"Llorar sería muy innecesario"
«плакать было бы совершенно бесполезно»
"mi padre no sufrirá por mí"
«мой отец не будет страдать за меня»
"El monstruo aceptará a una de sus hijas"
«монстр примет одну из своих дочерей»
"Me ofreceré a toda su furia"
«Я отдам себя на растерзание всей его ярости»
"Estoy muy feliz, porque mi muerte salvará la vida de mi padre"
«Я очень счастлив, потому что моя смерть спасет жизнь

моему отцу»
"mi muerte será una prueba de mi amor"
«моя смерть будет доказательством моей любви»
-No, hermana -dijeron sus tres hermanos.
«Нет, сестра», — сказали ее три брата.
"Eso no será"
"этого не будет"
"Iremos a buscar al monstruo"
«Мы пойдем искать монстра»
"y o lo matamos..."
«И либо мы его убьем...»
"...o pereceremos en el intento"
«...или мы погибнем в попытке»
"No imaginéis tal cosa, hijos míos", dijo el mercader.
«Не воображайте ничего подобного, сыновья мои», — сказал купец.
"El poder de la bestia es tan grande que no tengo esperanzas de que puedas vencerlo"
«Сила зверя так велика, что у меня нет надежды, что ты сможешь его одолеть»
"Estoy encantado con la amable y generosa oferta de Bella"
«Я очарован добрым и щедрым предложением красоты»
"pero no puedo aceptar su generosidad"
«но я не могу принять ее щедрость»
"Soy viejo y no me queda mucho tiempo de vida"
«Я стар, и жить мне осталось недолго»
"Así que sólo puedo perder unos pocos años"
«поэтому я могу потерять только несколько лет»
"Tiempo que lamento por vosotros, mis queridos hijos"
"время, которого мне жаль для вас, мои дорогие дети"
"Pero padre", dijo Bella
«Но отец», сказала красавица
"No irás al palacio sin mí"
«Ты не пойдешь во дворец без меня»
"No puedes impedir que te siga"
«Ты не можешь помешать мне следовать за тобой»

Nada podría convencer a Bella de lo contrario.
ничто не могло убедить красоту в противном случае
Ella insistió en ir al bello palacio.
она настояла на том, чтобы пойти в прекрасный дворец
y sus hermanas estaban encantadas con su insistencia
и ее сестры были в восторге от ее настойчивости
El comerciante estaba preocupado ante la idea de perder a su hija.
Купец был обеспокоен мыслью о потере дочери.
Estaba tan preocupado que se había olvidado del cofre lleno de oro.
он был так обеспокоен, что забыл о сундуке, полном золота
Por la noche se retiró a descansar y cerró la puerta de su habitación.
ночью он удалился спать и закрыл дверь своей комнаты
Entonces, para su gran asombro, encontró el tesoro junto a su cama.
затем, к своему великому удивлению, он нашел сокровище у своей кровати.
Estaba decidido a no contárselo a sus hijos.
он был полон решимости не рассказывать своим детям
Si lo supieran, hubieran querido regresar al pueblo.
если бы они знали, они бы захотели вернуться в город
y estaba decidido a no abandonar el campo
и он решил не покидать деревню
Pero él confió a Bella el secreto.
но он доверил красоте свой секрет
Ella le informó que dos caballeros habían llegado.
она сообщила ему, что пришли два джентльмена
y le hicieron propuestas a sus hermanas
и они сделали предложения ее сестрам
Ella le rogó a su padre que consintiera su matrimonio.
она умоляла отца дать согласие на их брак
y ella le pidió que les diera algo de su fortuna
и она попросила его отдать им часть своего состояния

Ella ya los había perdonado.
она уже простила их
Las malvadas criaturas se frotaron los ojos con cebollas.
злые твари натирали глаза луком
Para forzar algunas lágrimas cuando se separaron de su hermana.
чтобы заставить некоторых плакать, когда они расставались со своей сестрой
Pero sus hermanos realmente estaban preocupados.
но ее братья действительно были обеспокоены
Bella fue la única que no derramó ninguna lágrima.
Красавица была единственной, кто не пролил ни слезинки.
Ella no quería aumentar su malestar.
она не хотела усиливать их беспокойство
El caballo tomó el camino directo al palacio.
конь направился прямиком во дворец
y hacia la tarde vieron el palacio iluminado
и к вечеру они увидели освещенный дворец
El caballo volvió a entrar solo en el establo.
лошадь снова пошла в конюшню
Y el buen hombre y su hija entraron en el gran salón.
и добрый человек и его дочь вошли в большой зал
Aquí encontraron una mesa espléndidamente servida.
Здесь они нашли великолепно сервированный стол.
El comerciante no tenía apetito para comer
у торговца не было аппетита
Pero Bella se esforzó por parecer alegre.
но красота старалась казаться веселой
Ella se sentó a la mesa y ayudó a su padre.
она села за стол и помогла отцу
Pero también pensó para sí misma:
но она также подумала про себя:
"La bestia seguramente quiere engordarme antes de comerme"
«Зверь наверняка хочет меня откормить, прежде чем

съесть»
"Por eso ofrece tanto entretenimiento"
«Вот почему он обеспечивает такое обильное развлечение»
Después de haber comido oyeron un gran ruido.
после того как они поели, они услышали сильный шум
Y el comerciante se despidió de su desdichado hijo con lágrimas en los ojos.
и купец простился со своим несчастным ребенком со слезами на глазах
Porque sabía que la bestia venía
потому что он знал, что зверь приближается
Bella estaba aterrorizada por su horrible forma.
красавица была в ужасе от его ужасного вида
Pero ella tomó coraje lo mejor que pudo.
но она набралась смелости, как могла
Y el monstruo le preguntó si venía voluntariamente.
и чудовище спросило ее, пришла ли она добровольно
-Sí, he venido voluntariamente -dijo temblando.
«Да, я пришла добровольно», — сказала она, дрожа
La bestia respondió: "Eres muy bueno"
зверь ответил: «Ты очень хорош».
"Y te lo agradezco mucho, hombre honesto"
"и я вам очень обязан; честный человек"
"Continuad vuestro camino mañana por la mañana"
"иди своей дорогой завтра утром"
"Pero nunca pienses en venir aquí otra vez"
"но никогда не думай приходить сюда снова"
"Adiós bella, adiós bestia", respondió.
«Прощай, красавица, прощай, чудовище», — ответил он.
Y de inmediato el monstruo se retiró.
и тут же чудовище удалилось
"Oh, hija", dijo el comerciante.
«О, дочка», сказал купец
y abrazó a su hija una vez más
и он обнял свою дочь еще раз
"Estoy casi muerto de miedo"

«Я почти до смерти напуган»
"Créeme, será mejor que regreses"
«Поверь мне, тебе лучше вернуться»
"déjame quedarme aquí, en tu lugar"
«позволь мне остаться здесь вместо тебя»
—No, padre —dijo Bella con tono decidido.
«Нет, отец», — сказала красавица решительным тоном.
"Partirás mañana por la mañana"
«Вы отправитесь завтра утром»
"déjame al cuidado y protección de la providencia"
«предоставьте меня заботе и защите провидения»
Aún así se fueron a la cama
тем не менее они пошли спать
Pensaron que no cerrarían los ojos en toda la noche.
они думали, что не сомкнут глаз всю ночь
pero justo cuando se acostaron se durmieron
но как только они легли, они уснули
Bella soñó que una bella dama se acercó y le dijo:
Красавице приснилось, что пришла прекрасная дама и сказала ей:
"Estoy contento, bella, con tu buena voluntad"
«Я доволен, красавица, твоей доброй волей»
"Esta buena acción tuya no quedará sin recompensa"
«Этот ваш добрый поступок не останется без награды»
Bella se despertó y le contó a su padre su sueño.
Красавица проснулась и рассказала отцу свой сон.
El sueño ayudó a consolarlo un poco.
сон помог ему немного успокоиться
Pero no pudo evitar llorar amargamente mientras se marchaba.
но он не мог не горько плакать, когда уходил
Tan pronto como se fue, Bella se sentó en el gran salón y lloró también.
как только он ушел, красавица села в большом зале и тоже заплакала
Pero ella decidió no sentirse inquieta.

но она решила не беспокоиться
Ella decidió ser fuerte por el poco tiempo que le quedaba de vida.
она решила быть сильной в то короткое время, что ей осталось жить
Porque creía firmemente que la bestia la comería.
потому что она твердо верила, что зверь ее съест
Sin embargo, pensó que también podría explorar el palacio.
Однако она подумала, что могла бы также осмотреть дворец
y ella quería ver el hermoso castillo
и она хотела осмотреть прекрасный замок
Un castillo que no pudo evitar admirar.
замок, которым она не могла не восхищаться
Era un palacio deliciosamente agradable.
это был восхитительно приятный дворец
y ella se sorprendió muchísimo al ver una puerta
и она была крайне удивлена, увидев дверь
Y sobre la puerta estaba escrito que era su habitación.
а над дверью было написано, что это ее комната
Ella abrió la puerta apresuradamente
она поспешно открыла дверь
y ella quedó completamente deslumbrada con la magnificencia de la habitación.
и она была совершенно ослеплена великолепием комнаты
Lo que más le llamó la atención fue una gran biblioteca.
что больше всего привлекло ее внимание, так это большая библиотека
Un clavicémbalo y varios libros de música.
клавесин и несколько нотных тетрадей
"Bueno", se dijo a sí misma.
«Ну», — сказала она себе,
"Veo que la bestia no dejará que mi tiempo cuelgue pesadamente"
«Я вижу, что зверь не позволит моему времени тянуться».
Entonces reflexionó sobre su situación.

затем она задумалась о своей ситуации
"Si me hubiera quedado un día, todo esto no estaría aquí"
«Если бы мне суждено было остаться на день, всего этого здесь не было бы»
Esta consideración le inspiró nuevo coraje.
это соображение вселило в нее новую смелость
y tomó un libro de su nueva biblioteca
и она взяла книгу из своей новой библиотеки
y leyó estas palabras en letras doradas:
и она прочла эти слова золотыми буквами:
"Bienvenida Bella, destierra el miedo"
«Приветствуй красоту, прогони страх»
"Eres reina y señora aquí"
«Ты здесь королева и хозяйка»
"Di tus deseos, di tu voluntad"
«Выскажи свои желания, выскажи свою волю»
"Aquí la obediencia rápida cumple tus deseos"
«Быстрое послушание здесь отвечает вашим желаниям»
"¡Ay!", dijo ella con un suspiro.
«Увы», — сказала она со вздохом.
"Lo que más deseo es ver a mi pobre padre"
«Больше всего я хочу увидеть моего бедного отца»
"y me gustaría saber qué está haciendo"
"и я хотел бы знать, что он делает"
Tan pronto como dijo esto se dio cuenta del espejo.
Как только она это сказала, она заметила зеркало.
Para su gran asombro, vio su propia casa en el espejo.
к своему великому изумлению она увидела в зеркале свой собственный дом
Su padre llegó emocionalmente agotado.
ее отец приехал эмоционально истощенным
Sus hermanas fueron a recibirlo
ее сестры пошли ему навстречу
A pesar de sus intentos de parecer tristes, su alegría era visible.
несмотря на их попытки казаться грустными, их радость

была видна
Un momento después todo desapareció
через мгновение все исчезло
Y las aprensiones de Bella también desaparecieron.
и опасения красоты тоже исчезли
porque sabía que podía confiar en la bestia
потому что она знала, что может доверять зверю.
Al mediodía encontró la cena lista.
В полдень она обнаружила, что ужин готов.
Ella se sentó a la mesa
она села за стол
y se entretuvo con un concierto de música
и ее развлекали концертом музыки
Aunque no podía ver a nadie
хотя она никого не видела
Por la noche se sentó a cenar otra vez
ночью она снова села ужинать
Esta vez escuchó el ruido que hizo la bestia.
на этот раз она услышала звук, который издал зверь.
y ella no pudo evitar estar aterrorizada
и она не могла не ужаснуться
"belleza", dijo el monstruo
"красота", сказал монстр
"¿Me permites comer contigo?"
«Вы позволяете мне есть с вами?»
"Haz lo que quieras", respondió Bella temblando.
«Делай, как хочешь», — дрожа, ответила красавица.
"No", respondió la bestia.
«Нет», — ответил зверь.
"Sólo tú eres la señora aquí"
"Ты здесь единственная хозяйка"
"Puedes despedirme si soy problemático"
«Вы можете отправить меня прочь, если я доставляю вам неприятности»
"Despídeme y me retiraré inmediatamente"
«отправьте меня, и я немедленно уйду»

-Pero dime, ¿no te parece que soy muy fea?
«Но скажите, вы не считаете меня очень уродливым?»
"Eso es verdad", dijo Bella.
«Это правда», — сказала красавица.
"No puedo decir una mentira"
«Я не могу лгать»
"Pero creo que tienes muy buen carácter"
"но я считаю, что вы очень добродушны"
"Sí, lo soy", dijo el monstruo.
«Я действительно», сказал монстр.
"Pero aparte de mi fealdad, tampoco tengo sentido"
«Но кроме моего уродства, у меня еще и нет никакого смысла»
"Sé muy bien que soy una criatura tonta"
«Я прекрасно знаю, что я глупое существо»
—No es ninguna locura pensar así —replicó Bella.
«Это не признак глупости — так думать», — ответила красавица.
"Come entonces, bella", dijo el monstruo.
«Тогда ешь, красавица», — сказало чудовище.
"Intenta divertirte en tu palacio"
«попробуй развлечься в своем дворце»
"Todo aquí es tuyo"
«все здесь твое»
"Y me sentiría muy incómodo si no fueras feliz"
«И мне было бы очень не по себе, если бы ты не был счастлив»
-Eres muy servicial -respondió Bella.
«Вы очень любезны», — ответила красавица.
"Admito que estoy complacido con su amabilidad"
«Признаюсь, я доволен твоей добротой»
"Y cuando considero tu bondad, apenas noto tus deformidades"
«И когда я думаю о твоей доброте, я едва замечаю твои уродства»
"Sí, sí", dijo la bestia, "mi corazón es bueno".

«Да, да», — сказал зверь, — «моё сердце доброе».
"Pero aunque soy bueno, sigo siendo un monstruo"
«но хотя я и хороший, я все равно монстр»
"Hay muchos hombres que merecen ese nombre más que tú"
«Есть много мужчин, которые заслуживают этого имени больше, чем ты»
"Y te prefiero tal como eres"
"и я предпочитаю тебя таким, какой ты есть"
"y te prefiero más que a aquellos que esconden un corazón ingrato"
«И я предпочитаю тебя больше, чем тех, кто скрывает неблагодарное сердце»
"Si tuviera algo de sentido común", respondió la bestia.
«Если бы у меня был хоть какой-то смысл», — ответил зверь.
"Si tuviera sentido común, te haría un buen cumplido para agradecerte"
«Если бы у меня был смысл, я бы сделал вам прекрасный комплимент, чтобы поблагодарить»
"Pero soy tan aburrida"
"но я такой скучный"
"Sólo puedo decir que le estoy muy agradecido"
«Я могу только сказать, что я вам очень обязан»
Bella comió una cena abundante
красавица съела сытный ужин
y ella casi había superado su miedo al monstruo
и она почти победила свой страх перед чудовищем
Pero ella quería desmayarse cuando la bestia le hizo la siguiente pregunta.
но она хотела упасть в обморок, когда зверь задал ей следующий вопрос
"Belleza, ¿quieres ser mi esposa?"
«Красавица, ты будешь моей женой?»
Ella tardó un tiempo antes de poder responder.
ей потребовалось некоторое время, прежде чем она смогла ответить

Porque tenía miedo de hacerlo enojar
потому что она боялась его разозлить
Al final, sin embargo, dijo: "No, bestia".
Но в конце концов она сказала: «Нет, зверь».
Inmediatamente el pobre monstruo silbó muy espantosamente.
тут же бедное чудовище зашипело очень страшно
y todo el palacio hizo eco
и весь дворец разнесся эхом
Pero Bella pronto se recuperó de su susto.
но красавица вскоре оправилась от испуга
porque la bestia volvió a hablar con voz triste
потому что зверь снова заговорил скорбным голосом
"Entonces adiós, belleza"
"тогда прощай, красавица"
y sólo se volvía de vez en cuando
и он только время от времени оборачивался назад
mirarla mientras salía
смотреть на нее, когда он вышел
Ahora Bella estaba sola otra vez
теперь красавица снова осталась одна
Ella sintió mucha compasión
она чувствовала большое сострадание
"Ay, es una lástima"
«Увы, как жаль»
"algo tan bueno no debería ser tan feo"
«все столь добродушное не должно быть столь уродливым»
Bella pasó tres meses muy contenta en palacio.
Красавица провела три месяца очень счастливо во дворце
Todas las noches la bestia le hacía una visita.
каждый вечер зверь наносил ей визит
y hablaron durante la cena
и они разговаривали во время ужина
Hablaban con sentido común
они говорили со здравым смыслом

Pero no hablaban con lo que la gente llama ingenio.
но они не говорили с тем, что люди называют остроумием
Bella siempre descubre algún carácter valioso en la bestia.
Красавица всегда находила в звере какую-то ценную черту
y ella se había acostumbrado a su deformidad
и она привыкла к его уродству
Ella ya no temía el momento de su visita.
она больше не боялась его визита
Ahora a menudo miraba su reloj.
теперь она часто смотрела на часы
y ella no podía esperar a que fueran las nueve en punto
и она не могла дождаться, когда наступит девять часов.
Porque la bestia nunca dejaba de venir a esa hora
потому что зверь никогда не пропускал прихода в этот час
Sólo había una cosa que preocupaba a Bella.
было только одно, что касалось красоты
Todas las noches antes de irse a dormir la bestia le hacía la misma pregunta.
Каждый вечер перед сном зверь задавал ей один и тот же вопрос:
El monstruo le preguntó si sería su esposa.
монстр спросил ее, станет ли она его женой
Un día ella le dijo: "bestia, me pones muy nerviosa"
Однажды она сказала ему: «Зверь, ты заставляешь меня чувствовать себя очень неуютно».
"Me gustaría poder consentir en casarme contigo"
«Я бы хотел согласиться выйти за тебя замуж»
"Pero soy demasiado sincero para hacerte creer que me casaría contigo"
«но я слишком искренен, чтобы заставить тебя поверить, что я выйду за тебя замуж»
"nuestro matrimonio nunca se realizará"
«наш брак никогда не состоится»
"Siempre te veré como un amigo"
«Я всегда буду видеть в тебе друга»
"Por favor, trate de estar satisfecho con esto"

«пожалуйста, постарайтесь удовлетвориться этим»
"Debo estar satisfecho con esto", dijo la bestia.
«Я должен быть удовлетворен этим», — сказал зверь.
"Conozco mi propia desgracia"
«Я знаю свое собственное несчастье»
"pero te amo con el más tierno cariño"
"но я люблю тебя с самой нежной привязанностью"
"Sin embargo, debo considerarme feliz"
«Однако я должен считать себя счастливым»
"Y me alegraría que te quedaras aquí"
"и я должен быть счастлив, что ты останешься здесь"
"Prométeme que nunca me dejarás"
«обещай мне никогда не покидать меня»
Bella se sonrojó ante estas palabras.
Красавица покраснела при этих словах
Un día Bella se estaba mirando en el espejo.
Однажды красавица посмотрела в зеркало
Su padre se había preocupado muchísimo por ella.
ее отец очень беспокоился за нее
Ella anhelaba verlo de nuevo más que nunca.
она жаждала увидеть его снова больше, чем когда-либо
"Podría prometerte que nunca te abandonaré por completo"
«Я могу пообещать, что никогда не покину тебя окончательно»
"Pero tengo un deseo tan grande de ver a mi padre"
«но у меня такое огромное желание увидеть отца»
"Me molestaría muchísimo si dijeras que no"
«Я буду невероятно расстроен, если ты скажешь «нет»»
"Preferiría morir yo mismo", dijo el monstruo.
«Я бы лучше сам умер», — сказал монстр.
"Prefiero morir antes que hacerte sentir incómodo"
«Я лучше умру, чем заставлю тебя чувствовать беспокойство»
"Te enviaré con tu padre"
«Я пошлю тебя к твоему отцу»
"permanecerás con él"

«ты останешься с ним»
"y esta desafortunada bestia morirá de pena en su lugar"
"а это несчастное животное вместо этого умрет от горя"
"No", dijo Bella, llorando.
«Нет», — сказала красавица, плача.
"Te amo demasiado para ser la causa de tu muerte"
«Я люблю тебя слишком сильно, чтобы стать причиной твоей смерти»
"Te doy mi promesa de regresar en una semana"
«Я обещаю вернуться через неделю»
"Me has demostrado que mis hermanas están casadas"
«Ты показал мне, что мои сестры замужем»
"y mis hermanos se han ido al ejército"
«и мои братья ушли в армию»
"déjame quedarme una semana con mi padre, ya que está solo"
«Позвольте мне побыть неделю с отцом, так как он один»
"Estarás allí mañana por la mañana", dijo la bestia.
«Ты будешь там завтра утром», — сказал зверь.
"pero recuerda tu promesa"
"но помни свое обещание"
"Solo tienes que dejar tu anillo sobre una mesa antes de irte a dormir"
«Вам нужно просто положить кольцо на стол перед тем, как лечь спать»
"Y luego serás traído de regreso antes de la mañana"
«и тогда ты будешь возвращен до наступления утра»
"Adiós querida belleza", suspiró la bestia.
«Прощай, дорогая красавица», — вздохнуло чудовище.
Bella se fue a la cama muy triste esa noche.
Красавица легла спать очень грустной той ночью
Porque no quería ver a la bestia tan preocupada.
потому что она не хотела видеть зверя таким обеспокоенным
A la mañana siguiente se encontró en la casa de su padre.
на следующее утро она оказалась в доме своего отца

Ella hizo sonar una campanita junto a su cama.
она позвонила в маленький колокольчик у своей кровати
y la criada dio un grito fuerte
и служанка громко вскрикнула
y su padre corrió escaleras arriba
и ее отец побежал наверх
Él pensó que iba a morir de alegría.
он думал, что умрет от радости
La sostuvo en sus brazos durante un cuarto de hora.
он держал ее в своих объятиях четверть часа
Finalmente los primeros saludos terminaron.
в конце концов первые приветствия закончились
Bella empezó a pensar en levantarse de la cama.
красавица начала думать о том, чтобы встать с постели
pero se dio cuenta de que no había traído ropa
но она поняла, что не взяла с собой никакой одежды
pero la criada le dijo que había encontrado una caja
но служанка сказала ей, что она нашла коробку
El gran baúl estaba lleno de vestidos y batas.
большой багажник был полон платьев и платьев
Cada vestido estaba cubierto de oro y diamantes.
каждое платье было покрыто золотом и бриллиантами
Bella agradeció a la Bestia por su amable atención.
Красавица поблагодарила чудовище за его добрую заботу
y tomó uno de los vestidos más sencillos
и она взяла одно из самых простых платьев
Ella tenía la intención de regalar los otros vestidos a sus hermanas.
она намеревалась отдать остальные платья своим сестрам
Pero ante ese pensamiento el arcón de ropa desapareció.
но при этой мысли сундук с одеждой исчез
La bestia había insistido en que la ropa era solo para ella.
зверь настоял на том, что одежда предназначалась только ей
Su padre le dijo que ese era el caso.
ее отец сказал ей, что это так

Y enseguida volvió el baúl de la ropa.
и тут же сундук с одеждой вернулся обратно
Bella se vistió con su ropa nueva
красавица оделась в свою новую одежду
Y mientras tanto las doncellas fueron a buscar a sus hermanas.
а тем временем служанки отправились на поиски ее сестер
Ambas hermanas estaban con sus maridos.
обе ее сестры были со своими мужьями
Pero sus dos hermanas estaban muy infelices.
но обе ее сестры были очень несчастны
Su hermana mayor se había casado con un caballero muy guapo.
ее старшая сестра вышла замуж за очень красивого джентльмена
Pero estaba tan enamorado de sí mismo que descuidó a su esposa.
но он был так привязан к себе, что пренебрегал своей женой
Su segunda hermana se había casado con un hombre ingenioso.
ее вторая сестра вышла замуж за остроумного человека
Pero usó su ingenio para atormentar a la gente.
но он использовал свое остроумие, чтобы мучить людей
Y atormentaba a su esposa sobre todo.
и больше всего он мучил свою жену
Las hermanas de Bella la vieron vestida como una princesa
сестры красавицы увидели ее одетой как принцесса
y se enfermaron de envidia
и они были больны завистью
Ahora estaba más bella que nunca
теперь она была красивее, чем когда-либо
Su comportamiento cariñoso no pudo sofocar sus celos.
ее ласковое поведение не могло заглушить их ревность
Ella les contó lo feliz que estaba con la bestia.
она рассказала им, как она счастлива со зверем

y sus celos estaban a punto de estallar
и их ревность была готова взорваться
Bajaron al jardín a llorar su desgracia.
Они спустились в сад, чтобы оплакать свое несчастье.
"¿En qué sentido esta pequeña criatura es mejor que nosotros?"
«Чем это маленькое существо лучше нас?»
"¿Por qué debería estar mucho más feliz?"
«Почему она должна быть намного счастливее?»
"Hermana", dijo la hermana mayor.
«Сестра», — сказала старшая сестра.
"Un pensamiento acaba de golpear mi mente"
"мне только что пришла в голову мысль"
"Intentemos mantenerla aquí más de una semana"
«Давайте попробуем удержать ее здесь больше недели»
"Quizás esto enfurezca al tonto monstruo"
«возможно, это разозлит глупого монстра»
"porque ella hubiera faltado a su palabra"
«потому что она бы нарушила свое слово»
"y entonces podría devorarla"
"и тогда он может ее поглотить"
"Esa es una gran idea", respondió la otra hermana.
«Это отличная идея», — ответила другая сестра.
"Debemos mostrarle la mayor amabilidad posible"
«мы должны проявить к ней как можно больше доброты»
Las hermanas tomaron esta resolución
сестры приняли это решение
y se comportaron con mucho cariño con su hermana
и они вели себя очень ласково со своей сестрой
La pobre belleza lloró de alegría por toda su bondad.
Бедная красавица плакала от радости от всей их доброты.
Cuando la semana se cumplió, lloraron y se arrancaron el pelo.
когда неделя истекла, они плакали и рвали на себе волосы
Parecían muy apenados por separarse de ella.
им было так жаль расставаться с ней

y Bella prometió quedarse una semana más
и красота обещала остаться еще на неделю
Mientras tanto, Bella no pudo evitar reflexionar sobre sí misma.
В то же время, красавица не могла не задуматься о себе
Ella se preocupaba por lo que le estaba haciendo a la pobre bestia.
она беспокоилась о том, что она делает с бедным животным
Ella sabía que lo amaba sinceramente.
она знала, что искренне любила его
Y ella realmente anhelaba verlo otra vez.
и она очень хотела увидеть его снова
La décima noche también la pasó en casa de su padre.
десятую ночь она тоже провела у отца
Ella soñó que estaba en el jardín del palacio.
ей приснилось, что она в дворцовом саду
y soñó que veía a la bestia extendida sobre la hierba
и ей приснилось, что она увидела зверя, распростертого на траве
Parecía reprocharle con voz moribunda
он, казалось, упрекал ее умирающим голосом
y la acusó de ingratitud
и он обвинил ее в неблагодарности
Bella se despertó de su sueño.
Красавица проснулась ото сна
y ella estalló en lágrimas
и она разрыдалась
"¿No soy muy malvado?"
«Разве я не очень злой?»
"¿No fue cruel de mi parte actuar tan cruelmente con la bestia?"
«Разве не жестоко с моей стороны было так жестоко поступить со зверем?»
"La bestia hizo todo lo posible para complacerme"
«Зверь сделал все, чтобы мне угодить»

-¿Es culpa suya que sea tan feo?
«Разве он виноват, что он такой уродливый?»
¿Es culpa suya que tenga tan poco ingenio?
«Разве он виноват, что у него так мало ума?»
"Él es amable y bueno, y eso es suficiente"
«Он добрый и хороший, и этого достаточно»
"¿Por qué me negué a casarme con él?"
«Почему я отказалась выйти за него замуж?»
"Debería estar feliz con el monstruo"
«Я должен быть счастлив с монстром»
"Mira los maridos de mis hermanas"
«Посмотрите на мужей моих сестер»
"ni el ingenio ni la belleza los hacen buenos"
«ни остроумие, ни красота не делают их хорошими»
"Ninguno de sus maridos las hace felices"
«ни один из их мужей не делает их счастливыми»
"pero virtud, dulzura de carácter y paciencia"
«но добродетель, кротость нрава и терпение»
"Estas cosas hacen feliz a una mujer"
«Эти вещи делают женщину счастливой»
"y la bestia tiene todas estas valiosas cualidades"
«и у зверя есть все эти ценные качества»
"Es cierto; no siento la ternura del afecto por él"
«это правда; я не чувствую к нему нежности привязанности»
"Pero encuentro que tengo la más alta gratitud por él"
«но я чувствую к нему величайшую благодарность»
"y tengo por él la más alta estima"
«и я испытываю к нему глубочайшее уважение»
"y él es mi mejor amigo"
"и он мой лучший друг"
"No lo haré miserable"
«Я не сделаю его несчастным»
"Si fuera tan desagradecido nunca me lo perdonaría"
«Если бы я был таким неблагодарным, я бы себе этого никогда не простил».

Bella puso su anillo sobre la mesa.
красавица положила кольцо на стол
y ella se fue a la cama otra vez
и она снова пошла спать
Apenas estaba en la cama cuando se quedó dormida.
едва она легла в постель, как тут же уснула
Ella se despertó de nuevo a la mañana siguiente.
она снова проснулась на следующее утро
Y ella estaba muy contenta de encontrarse en el palacio de la bestia.
и она была вне себя от радости, оказавшись во дворце зверя.
Ella se puso uno de sus vestidos más bonitos para complacerlo.
она надела одно из своих самых красивых платьев, чтобы порадовать его
y ella esperó pacientemente la tarde
и она терпеливо ждала вечера
llegó la hora deseada
настал желанный час
El reloj dio las nueve, pero ninguna bestia apareció
часы пробили девять, но зверь не появился
Bella entonces temió haber sido la causa de su muerte.
Красавица тогда испугалась, что она стала причиной его смерти
Ella corrió llorando por todo el palacio.
она бегала, плача, по всему дворцу
Después de haberlo buscado por todas partes, recordó su sueño.
после того, как она искала его везде, она вспомнила свой сон
y ella corrió hacia el canal en el jardín
и она побежала к каналу в саду
Allí encontró a la pobre bestia tendida.
там она нашла бедное животное, распростертое
y estaba segura de que lo había matado

и она была уверена, что убила его
Ella se arrojó sobre él sin ningún temor.
она бросилась к нему без всякого страха
Su corazón todavía latía
его сердце все еще билось
Ella fue a buscar un poco de agua al canal.
она принесла немного воды из канала
y derramó el agua sobre su cabeza
и она вылила воду ему на голову
La bestia abrió los ojos y le habló a Bella.
зверь открыл глаза и заговорил с красавицей
"Olvidaste tu promesa"
«Ты забыл свое обещание»
"Me rompió el corazón haberte perdido"
«Я был так убит горем, потеряв тебя»
"Resolví morirme de hambre"
«Я решил уморить себя голодом»
"pero tengo la felicidad de verte una vez más"
«но я имею счастье увидеть тебя еще раз»
"Así tengo el placer de morir satisfecho"
"поэтому я имею удовольствие умереть довольным"
"No, querida bestia", dijo Bella, "no debes morir".
«Нет, милый зверь, — сказала красавица, — ты не должен умереть».
"Vive para ser mi marido"
«Жить, чтобы быть моим мужем»
"Desde este momento te doy mi mano"
«с этого момента я даю тебе свою руку»
"Y juro no ser nadie más que tuyo"
«И я клянусь быть только твоим»
"¡Ay! Creí que sólo tenía una amistad para ti"
«Увы! Я думал, у меня к тебе только дружба».
"Pero el dolor que ahora siento me convence;"
«но горе, которое я сейчас чувствую, убеждает меня»;
"No puedo vivir sin ti"
"Я не могу жить без тебя"

Bella apenas había dicho estas palabras cuando vio una luz.
Красавица едва успела произнести эти слова, как увидела свет
El palacio brillaba con luz
дворец сверкал светом
Los fuegos artificiales iluminaron el cielo
фейерверк осветил небо
y el aire se llenó de música
и воздух наполнен музыкой
Todo daba aviso de algún gran acontecimiento
все предвещало какое-то великое событие
Pero nada podía captar su atención.
но ничто не могло удержать ее внимание
Ella se volvió hacia su querida bestia.
она повернулась к своему дорогому зверю
La bestia por la que ella temblaba de miedo
зверь , перед которым она дрожала от страха
¡Pero su sorpresa fue grande por lo que vio!
но ее удивление было велико, когда она увидела то, что она увидела!
La bestia había desaparecido
зверь исчез
En cambio, vio al príncipe más encantador.
вместо этого она увидела прекраснейшего принца
Ella había puesto fin al hechizo.
она положила конец заклинанию
Un hechizo bajo el cual se parecía a una bestia.
заклинание, под действием которого он напоминал зверя
Este príncipe era digno de toda su atención.
этот принц был достоин всего ее внимания
Pero no pudo evitar preguntar dónde estaba la bestia.
но она не могла не спросить, где зверь
"Lo ves a tus pies", dijo el príncipe.
«Вы видите его у своих ног», — сказал принц.
"Un hada malvada me había condenado"
«Злая фея осудила меня»

"Debía permanecer en esa forma hasta que una hermosa princesa aceptara casarse conmigo"
«Я должен был оставаться в этом облике до тех пор, пока прекрасная принцесса не согласится выйти за меня замуж».
"El hada ocultó mi entendimiento"
«фея спрятала мое понимание»
"Fuiste el único lo suficientemente generoso como para quedar encantado con la bondad de mi temperamento"
«Ты был единственным, кто был настолько великодушен, что тебя очаровала доброта моего характера»
Bella quedó felizmente sorprendida
красавица была приятно удивлена
Y le dio la mano al príncipe encantador.
и она протянула руку прекрасному принцу
Entraron juntos al castillo
они вместе пошли в замок
Y Bella se alegró mucho al encontrar a su padre en el castillo.
и красавица была вне себя от радости, обнаружив своего отца в замке
y toda su familia estaba allí también
и вся ее семья тоже была там
Incluso Bella dama que apareció en su sueño estaba allí.
даже прекрасная леди, которая явилась ей во сне, была там
"Belleza", dijo la dama del sueño.
"красота", сказала дама из сна
"ven y recibe tu recompensa"
«приди и получи свою награду»
"Has preferido la virtud al ingenio o la apariencia"
«Вы предпочли добродетель уму или внешности»
"Y tú mereces a alguien en quien se unan estas cualidades"
«И ты заслуживаешь того, в ком эти качества объединены»
"vas a ser una gran reina"
«Ты будешь великой королевой»
"Espero que el trono no disminuya vuestra virtud"

«Надеюсь, трон не умалит твоей добродетели»
Entonces el hada se volvió hacia las dos hermanas.
затем фея повернулась к двум сестрам
"He visto dentro de vuestros corazones"
«Я видел, что внутри ваших сердец»
"Y sé toda la malicia que contienen vuestros corazones"
«И я знаю всю злобу, что таится в ваших сердцах»
"Ustedes dos se convertirán en estatuas"
«Вы двое станете статуями»
"pero mantendréis vuestras mentes"
"но вы сохраните свой разум"
"estarás a las puertas del palacio de tu hermana"
«Ты будешь стоять у ворот дворца твоей сестры»
"La felicidad de tu hermana será tu castigo"
«Счастье твоей сестры будет твоим наказанием»
"No podréis volver a vuestros antiguos estados"
«Вы не сможете вернуться в свои прежние состояния»
"A menos que ambos admitan sus errores"
«если только вы оба не признаете свои ошибки»
"Pero preveo que siempre permaneceréis como estatuas"
"но я предвижу, что вы навсегда останетесь статуями"
"El orgullo, la ira, la gula y la ociosidad a veces se vencen"
«гордыня, гнев, чревоугодие и праздность иногда побеждаются»
" pero la conversión de las mentes envidiosas y maliciosas son milagros"
« но обращение завистливых и злобных умов — это чудеса»
Inmediatamente el hada dio un golpe con su varita.
тут же фея взмахнула палочкой
Y en un momento todos los que estaban en el salón fueron transportados.
и в один миг все, кто был в зале, перенеслись
Habían entrado en los dominios del príncipe.
они отправились во владения принца
Los súbditos del príncipe lo recibieron con alegría.

подданные принца приняли его с радостью
El sacerdote casó a Bella y la bestia
священник женился на красавице и чудовище
y vivió con ella muchos años
и он прожил с ней много лет
y su felicidad era completa
и их счастье было полным
porque su felicidad estaba fundada en la virtud
потому что их счастье было основано на добродетели

El fin
Конец

www.ingramcontent.com/pod-product-compliance
Lightning Source LLC
Chambersburg PA
CBHW011553070526
44585CB00023B/2585